CERDDI LLOERIG

KW-169-964

DAN DEIMLAD, DAN CHWERTHIN

Cerddi am deimladau

Golygydd: Myrddin ap Dafydd

ⓗ y beirdd/Gwasg Carreg Gwalch
ⓗ y lluniau: Siôn Morris

Argraffiad cyntaf: Mawrth 2007

Rhif Llyfr Safonol Rhyngwladol: 1-84527-057-6
Rhif Llyfr 13: 978-1-84527-057-5

Mae'r cyhoeddwyr yn cydnabod cefnogaeth ariannol
Cyngor Llyfrau Cymru

Cynllun clawr a'r lluniau tu mewn: Siôn Morris

Argraffwyd a chyhoeddwyd gan Wasg Carreg Gwalch,
12 Iard yr Orsaf, Llanrwst, Dyffryn Conwy, LL26 OEH.
℡ 01492 642031
▤ 01492 641502
✆ llyfrau@carreg-gwalch.co.uk
lle ar y we: www.carreg-gwalch.co.uk

DAN DEIMLAD,
DAN CHWERTHIN

Cynnwys

Cyflwyniad

– 'Wyt ti'n hapus?'

– 'Pam dy fod ti'n drist?'

Rydan ni i gyd yn profi enfys fawr o deimladau, weithiau o fewn un diwrnod. Mae rhai pobl – a phlant hefyd – yn credu ei bod hi'n cŵl i fod yn galed, i beidio dangos teimladau. Mae'u hwynebau nhw fel platiau gwag, dim ots beth yw'r cynnwrf yn eu calonnau.

Mae'r beirdd sydd wedi sgwennu'r cerddi hyn yn wahanol. Does ganddyn nhw ddim ofn dangos sut maen nhw'n teimlo – maen nhw'n falch o gyrraedd adref, yn mwynhau Nadolig a phen-blwydd, yn hyfryd o gariadus, yn gorfoleddu ar gae pêl-droed ond hefyd maen nhw'n ddiflas wrth golli gêm o goncyrs, yn nerfus wrth berfformio, yn ofnus, yn genfigennus, yn unig, yn bwdlyd . . .

Llawenydd neu ddagrau – does dim rhaid bod ofn eu dangos. Cerddi i roi nerth i'r galon sydd yn y casgliad hwn.

Myrddin ap Dafydd

'Hwrê' ar y gornel

Dim ond rhyw lôn fach wledig gul
Ac ymyl las, flodeuog
A fforch sy'n troi at fynydd mwyn
Wrth lwyn o gyll canghennog;
Does dim arbennig am y tro,
Ond wedi'r teithio tawel,
Pan ddaw y car i'r fan a'r lle:
'Hwrê' sydd ar y gornel.

Does fawr o ots pa un yw'r daith:
Un faith ar ôl y gwyliau,
Neu biciad 'nôl o barc y dre
O fod am de at ffrindiau;
Er bod hi'n wych cael newid bach,
Mor iach cael lledu'r gorwel,
Wrth ddod drachefn i'r un hen le:
'Hwrê' sydd ar y gornel.

Mae canllath union wedi'r tro
A tho a thŷ sy'n nesu,
A drws a chlo a bwrdd a stôl
A 'braf bod 'nôl' a gwely;
Does dim arbennig am y tro,
Dim ond cael cofio'n uchel
A gwybod bod gan bawb ei le:
'Hwrê' sydd ar y gornel.

Myrddin ap Dafydd

9

Pethe sy'n 'y ngneud i'n hapus,
Pethe sy'n 'y ngneud i'n drist

Sosej, wy a bîns a tships
Hufen iâ, a chnau,
Codi'n hwyr, yr eira'n drwm
A'r ysgol wedi cau.
Dydd Nadolig a phen-blwydd,
Gwylie glan y môr,
Stretsio nhra'd mewn gwely twym
A ffindo patshyn ôr
Sgorio cais ar faes y Waun,
Ca'l sws 'da Lisa Jên,
Teimlo'r heulwen ar fy ngwar,
Ca'l punt 'wrth Nain – sy'n hen.

Bwrw glaw ar Sadwrn hir,
Byta uwd heb jam,
Ddim ca'l aros mas yn hwyr,
A ddim yn gwbod pam.
Colli gêm o goncyrs
I Guto bach y snych,
Cael sociad yn y gwersyll
Tra bo'r lleill i gyd yn sych.
Aros 'nôl 'rôl ysgol,
I neud syms i Wili John,
Neu wersi piano ganol haf . . .
A darllen cerdd fel hon!

Dewi Pws

Steddfodeitis

Ydi'ch llais chi'n mynd yn od ar lwyfan?
Ydi o weithiau'n cau dod allan?
Ydi'ch dwylo'n chwys a stici
A dim poeri yn eich ceg chi?
Ydi geiriau yn gwneud tricia
A dim syniad be sy nesa?
Ydi'ch co'n mynd yn dŵlali
Nes anghofio pryd i wenu?
Ydi wyneb Mam, reit sydyn,
Fel 'tai'i llun ar gefn llwy bwdin?
. . . Hmm! Gen i ofn fod hyn yn greisis –
Ry'ch yn diodde o Steddfodeitis!
    Y feddyginiaeth orau i chi –
    Dim cystadlu eto 'leni!
        Ieees!!

Dorothy Jones

Cymylau

Mae popeth yn ddu
A'r cysgodion yn gry,
Mae'r tywyllwch yn cau am fy meddwl;
Rhyw niwl dros fy llygaid
A phoen yn fy enaid –
Mae 'myd bach i gyd o dan gwmwl . . .

Dwi'n well erbyn hyn,
Mae'r golau yn wyn
A'r haul yn rhoi sglein ar y cwbwl;
Mae'r adar yn canu,
Llawenydd i'w rannu

A wir, rydw i'n cerdded ar gwmwl!

Myrddin ap Dafydd

Nerfau

Mae 'na ddraenog yn fy stumog
sy'n stwyrian ers cyn co';
mae o'n gwrthod mynd i gysgu
pan dwi'n canu iddo fo.

Ma'i bigau bach yn goglais
a brifo bob yn ail,
wrth iddo droi a throsi
fel 'tai mewn twmpath dail.

Pedair pawen lawen
yn pwnio 'mol bach i.
Dwi wedi trio popeth
i'w ddofi, credwch fi.

Ond bellach 'dan ni'n fêts am byth,
y draenog bach a finna,
a fo 'di'r cysur gora un
pan fydda i ar binna.

Gwyneth Glyn
Bardd Plant Cymru 2006-07

Hapus

Bol yn llawn swigod yn dawnsio ynghyd,
Teimlo yn gynnes a bywiog i gyd,
Traed bach yn dawnsio'n ddi-baid ar y llawr,
Dwylo yn curo, a gwên sy'n fawr, fawr.

Trist

Bol yn llawn gwacter fel gofod di-wres,
Teimlo'n anghynnes fel gaeaf heb des,
Traed bach yn llonydd heb awydd am sbri,
Dwylo yn dawel, a dagrau yn lli.

Ruth Pritchard

Wyneb-ddalen

'Wyt ti'n iawn?' hola Mam,
(Pam na ddylwn i fod?)
'Be sy'n pwyso ar dy feddwl di?'
Mae gan Mam ryw ffordd
O'm darllen fel llyfr
Pan fo rhywbeth yn fy mhoeni i.

'Pam ti'n moni? . . . Be ti'n guddio?'
(Mae gen i bob hawl.)
'Oes rhywun 'di dwyn dy gaws?'
Dwi'n troi at y pared,
Yn cau'n chwap fel clawr caled
A dyw hynny'n gwneud pethau'n ddim haws.

'Wyt ti am ddeud ynteu ddim?'
(Gadewch lonydd imi, wir!)
Ond mae mamau'n darllen rhwng y llinellau.
A waeth heb nag actio
Bod yn hollol ddidaro
Pan fo'r wyneb yn adrodd cyfrolau.

16

O lech i lwyn,
Adroddaf fy nghwyn
A bydd Mam yn ystyried o bell;
A choeliech chi ddim,
Ond mi fydda i 'mhen dim
Yn teimlo beth wmbredd yn well.

Wrth gael gwrando ar fy stori
Bydd Mam yn cynghori
Beth i'w wneud er mwyn 'sgafnu fy nghân;
A thoc ni fydd pwysau
Mor drwm ar fy 'sgwyddau;
O! Peth braf yw cael troi dalen lân.

Ann (Bryniog) Davies

17

'Mae tyfu yn strach'

'Mae tyfu yn strach,'
cwynodd y lili wen fach.
'Mae'r haul yn dod mas,'
sibrydodd yr awyr las.
'Unwaith eto ry'n ni'n canu,'
sopranodd yr adar wrth nythu.
'Rwy'n galed fel lledr,'
ysgyrnygodd y cennin Pedr.
'Daeth y gwanwyn cyntaf,'
criodd y gôt aeaf.
'Rwy'n goleuo'r tir,'
bloeddiodd y diwrnod hir.
'Hwyl fawr, i'r eira,'
chwifiodd y pilipala.
'Un anodd yw'r dasg,'
rhybuddiodd yr Wy Pasg.
'Ond troi mae'r tywydd,'
dathlodd y bywyd newydd.

Blwyddyn 4
Ysgol y Berllan Deg, Caerdydd

18

Pêl

Dwi'n hapus tu hwnt – mae 'na bêl 'da fi,
Dwi'n gallu ei bownsio, ei thaflu fry,
Ei phenio, ergydio, dro ar ôl tro,
Ei throedio, ei mwytho, mynd â hi am dro.
Mi fedrwn ei chwtsio fel tedi bêr,
Neu'i thaflu i'r gofod hyd at y sêr;
Ei chicio, ei chadw'n fwrlwm ar droed,
Penelin, mynwes a phen yn ddi-oed.
Pan fydda i'n ei phasio – digwydd yr hud
O glymu cyd-ddyn a minnau ynghyd;
Pêl yw'n perthynas, y bêl fechan hon
Yn creu cadwyn gudd hyd y ddaear gron.
Rhyfeddod y cread pan unir byd
Yn gwlwm annatod ar waelod stryd.

Gwyn Morgan

Hwyaden fach hyll

Mae'r hwyaden yn falch iawn o'i chywion –
Pump o rai melyn crwn –
'Mae'r wy olaf yn araf yn deor,'
Meddai hi, 'cyw arbennig yw hwn.'

'Mhen dyddiau mae'r wy mawr yn deor,
A'r cywion yn edrych yn syn,
A dweud, 'Dyna hyll yw'n chwaer newydd!
Yr hylla' o hwyaid y llyn!'

Mae pawb yn gwneud hwyl ac yn chwerthin,
Ond crio'n ddi-baid y mae'r cyw.
Mae'r hwyaden fach druan yn chwilio
Am rywle arall i fyw.

Dros y gaeaf mae'n llechu yn ddistaw
Yn y brwyn ger y llyn, dan y coed,
Yn oer a bron torri ei chalon,
'Fi yw'r hwyaden hylla' erioed.'

Daw'r gwanwyn i'r tir, ac mae adar
O bob math yn ôl ger y lli.
Meddai'r cyw wrth yr elyrch mawr prydferth,
'Fe hoffwn gael gair gyda chi.'

'Rwy'n hyll, a does gen i ddim ffrindiau.
Plîs, elyrch, ga'i fyw gyda chi?"
Atebodd yr elyrch, 'Dim problem!
Rwyt ti'n alarch gosgeiddig fel ni.'

'Yn alarch fel chi?' meddai'r hwyaden,
Gan edrych ar ei llun yn y dŵr.
'Rwy'n hapus! Rwy'n brydferth! Rwy'n alarch!
Nid hwyaden hyll mwyach, bid siŵr!'

Zohrah Evans

21

Dim mwy

Mae'r tŷ yn edrych jest 'run fath
A phopeth yn ei le,
Cŵn tsieina'n syllu ar y silff-ben-tân
A dreser llawn o lestri te;
Arogl lafant wrth ddrws y ffrynt,
'Rhen gloc yn taro ar yr awr,
Lluniau'n gwenu fan hyn, fan draw,
Ond nid oes gwên ar fy wyneb nawr.

Dim mwy o gwtshys cynnes
A hwyl wrth dynnu coes;
Dim mwy o chwerthin llond y tŷ
A gair i gall 'rôl geiriau croes.
Mae'r lle yn oerach rywsut,
A'r gwynt yn teimlo'n fain;
Dyw'r tŷ ddim yn gartre mwyach –
Na, dyw'r lle ddim 'run fath heb Nain.

Elen Rhys

Dwi'n fethiant

Mae'n anodd dysgu ysgrifennu,
Dwi'n gwneud fy ngora glas, wir yr.
Mae mam yn reit hawdd, a dad a ci,
ond fedra i'n fy myw sgwennu f'enw i.
Pam na ches enw syml fel Ann,
neu Beth neu Donna, Elen neu Nan?
Dwi'n cael trafferth i'w ddweud o, heb sôn am
                                          gofnodi –
Fy enw, Angharad Gwenhwyfar Shellbeigh.

Mae'n anodd hefyd peintio llun,
Dwi'n gwneud fy ngorau glas, wir yr.
Dwi'n gwisgo fy ffedog ac yn dechrau'n o lew,
Ond wedyn mae gormod o baent yn y blew
a choes y brwsh yn llawer rhy hir
a'r pot dŵr yn simsan, ydi yn wir.
Dwi'n cael trafferth o ddifri – mae'r athrawes yn
                                          dwrdio.
'Sgwn i sut beintiwr pump oed oedd Picasso?

Lis Jones

Ofn y chwarelwr

Dwi'n sgwario heddiw yn fy sgidiau hoelion mawr,
Cap chwarelwr ar fy mhen a theimlo fel cawr,
Ond wrth ddringo'r clogwyn a hongian ar y rhaff
A'r cerrig yn disgyn, dwi'm yn teimlo mor saff:
Gen i ofn yr uchder a'r pileri trwm
Ac ofn y gwynt miniog sy'n dod i fyny'r cwm.

Cytgan:
    Ond ofn sy'n fwy na'r rhain i gyd
    Yw peidio cael cartref clyd,
    Dim bwyd i'r baban yn y crud,
    Crochan gwag ac aelwyd fud.

Mae gen i ofn i'r lli gron dorri blaen fy mys,
Ofn camdaro, cael damwain gyda Rhys,
Ofn i'r powdr du chwythu o fy mlaen,
Ofn i'r weiren ddur dorri dan y straen,
Ofn i'r metel berw dasgu ar fy llaw,
Ofn llithro ar y garreg las yn y glaw.

(Ysgolion Llanfachraeth a Llanddeusant
gyda Myrddin ap Dafydd a Geraint Løvgreen
yn Amgueddfa Lechi Cymru, Llanberis.)

Swildod

Sefyll ar lwyfan mawr y 'Steddfod,
Wyneb yn goch, clustiau yn berwi,
Ias drwy 'nghorff ond chwys yn diferu,
Llygaid yn syllu yn eiddgar arnaf,
Dim gair yn dod allan – aeth popeth yn angof!
O bell gwelaf Mam yn gwneud stumiau-trio-
                                              helpu,
Dim ffiars o beryg wna i byth eto gystadlu!

Bethan Non

Cenfigen

Cafodd Siôn feic newydd echdoe,
Ei ail un . . . goeliwch chi?
Nain yn ei sbwylio'n ormod,
Fe ddwedwn i!
Ie, dim ond er mwyn brolio,
Gan ei reidio rownd yn glou,
Efallai fydd e'n cwympo . . . wel!
Nawr dyna fyddai sioe!

Ruth Pritchard

Un yn unig

Un yn unig:
blodyn haul ar hewl yr ysgol.
Un yn unig:
pengwin yn darllen Beibl yn yr eglwys.
Un yn unig:
paun yn agor ei liwiau ar y palmant.
Un yn unig:
arth grisli yn rhoi tocynnau ar y ceir.
Un yn unig:
llew yn rhuo tu ôl i stondin yn y stryd.
Un yn unig:
cangarŵ yn rhannu llythyrau o'i boced.
Un yn unig:
ci ar goll yn y bagiau du yn y parc.
Un yn unig:
llygoden igam-ogam yn chwilio am dwll i barcio.
Un yn unig:
eryr yn cadw llygad ar droseddwyr.
Un yn unig:
yng nghanol y llun,
yng nghanol anialwch
ar ei ben ei hun.

Blwyddyn 5 a 6
Ysgol y Berllan Deg,
Caerdydd

Cai cenfigennus

Pam na chaf docyn aur fel Charli
Er mwyn i mi gael mynd i'r ffatri?
Pam na chaf ardd ac afon o siocled.
Melysion sy'n para hyd at syrffed?

Pam na chaf i wiwerod i wneud fy ngwaith,
Cwch pinc blas mefus i fynd ar fy nhaith?
Pam na chaf Wmpalwmpas i'm diddanu,
Dawnsio, dweud jôcs, actio, adrodd a chanu!

Ond dwi ddim yn dymuno cael fy llyncu
Gan y beipen sy'n eich saethu i fyny.
Ond ni wnâi Mr Wonca mo hynny i mi –
Barus oedd Awgwstws, Fioled a Meic TV.

Bethan Non

Dwi'n teimlo'n . . .

Dwi'n teimlo'n drist, digalon, di-hwyl, yn brudd,
Mae'n bwrw glaw, hen wragedd drwy'r dydd,
Mae dagrau'r glaw yn cydymdeimlo â fi
A'r gôt law amdanaf yn rhoi cwtsh i mi.

Dwi'n teimlo'n hapus, llon, direidus, yn blês,
Mae'r haul yn gwenu, dwi'n mwynhau'r holl wres,
Dwi'n hapus tu mewn pan fo'n heulwen tu allan,
'Sdim amser i gwyno, dwi'n teimlo'n well rŵan!

Elen Rhys

Wedi pwdu

Mae Haf 'di mynd i'r 'Merig eleni;
Ac Enid i Papua New Guinea;
Aiff Beth i Batagonia yfory –
Rwyf i wedi pwdu yng Nghymru.

Gwyn Morgan

Cariad

Pan ti'n sbio arna i
mae 'mherfedd a 'mhen i'n gwahanu.
Mae'n gamp imi gofio fy enw fy hun,
heb sôn am luosi a rhannu,
Achos pan ti'n sbio arna i
mae larwm fy nghalon i'n canu.

Pan dwi'n sbio arna chdi
mae'r golau gwyn o'th gwmpas
mor bur â bath ar fore Sul,
mor hyfryd a hen â hanas.
A phan dwi'n sbio arna chdi
mae fy wyneb i'n troi'n wynias.

Pan ti'n sbio heibio imi
mae 'mherfedd a 'mhen i'n brifo,
Fel 'tai 'na chwip yn chwalu 'ngwep,
a'r briwiau'n ormod i'w rhifo.
Mae gen i greithiau rif y gwlith,
felly pam ydw i'n dal i sbio?

Gwyneth Glyn
Bardd Plant Cymru 2006-07

29

Y ras gyfnewid

Roedd cychwyn y ras braidd yn simsan:
Heb glywed y 'Ffwrdd-â-chi!'
Mi safodd ein Sali fel delw
A'r lleill aeth ar wib hebddi hi.

Mi ddeffrodd 'rhen Sali cyn hir
A rhedeg y trac tua Manon,
Roedd Manon ar gymaint o frys:
Mi saethodd i ffwrdd heb y baton.

Ac erbyn trosglwyddo i'r trydydd
Aeth pethau'n fwy sobor na chynt,
Oherwydd y cyffro, cyn rhedeg –
Roedd Gwen wedi colli ei gwynt.

Y fi oedd yr olaf i rasio,
Mi geisiais eu dal nhw i gyd:
Fy nghoesau yn mynd fel dwy olwyn
Ond baglais yn slwtj ar fy hyd.

Roedd tîm y medalau yn dathlu
A'r ail yn rhoi sgrech dros bob man,
A Sali, Gwen, Manon a minnau
Yn chwerthin nes oeddan ni'n wan!

Myrddin ap Dafydd

Sut hoffech chi?

Sut hoffech chi fod yn ystlum fel fi
Mae 'mhen i i lawr wrth fy nhraed?
Dwi'n byw ben i waered, dwi'n benysgafn, yn ddall;
Gwneud y gore o'r gwaetha sydd raid.

Sut hoffech chi fod yn fochyn fel fi
Yn rhochian a sochian o hyd?
Dwi'n fudr, dwi'n drewi, dwi'n rholio mewn mwd,
Yn wir, dwi mor hapus fy myd.

Sut hoffech chi fod yn fwydyn fel fi
Yn troi a throsi ar fy nhaith?
Dwi'n byw mewn tywyllwch, dwi'n gweld dim byd;
Hei, pwy wyt ti? Dwi'n cofio dim chwaith!

Elen Rhys

Dillad ysgol

Cyn i mi ddechrau'r ysgol
Aeth Mam â mi i'r dre,
I brynu dillad newydd,
Rhai crand iawn, O hwrê!

Y siwmper ddela welsoch,
Un las fel lliw y nen,
Sgert lwyd a phletau pitw,
A pherl o flowsen wen.

Mi deimlwn fel brenhines
Wrth edrych yn y drych,
A bûm yn methu aros
I wisgo'r pethau gwych.

Fe ddaeth y dydd o'r diwedd,
I'r ysgol es yn llon,
Yn eneth fodlon, hapus yn y
Dillad newydd sbon.

Ond dyna siom a gefais,
A gollwng dagrau'n lli,
Wrth weld pawb o'r plant eraill
Mewn gwisg 'run fath â fi!

Ruth Pritchard

Sut i fwyta rhinoseros

Daeth Lowri fach adre un diwrnod
O'r ysgol yn ddagrau i gyd,
Doedd Mrs Jones Maths ddim yn hapus
A Lowri'n ddihyder a mud.

Ac asgwrn y gynnen, mae'n debyg,
Oedd multiplications mawr cas
A Lowri oedd wedi cymysgu
Wrth drio eu gorffen ar ras.

'O alla i ddim gneud nhw o gwbl,'
Dywedodd hi, Lowri, wrth Taid
'Mae'r broblem yn gymhleth ac enfawr,
Rhoi'r ffidil yn 'to y bydd raid.'

Roedd Taid yn un da am ddweud storis,
Un da am roi pethe'n eu lle;
'Tyrd yma i wrando am dipyn,
Cawn wared o'r broblem cyn te.'

'Sut elli di fwyta rhinoseros?'
Oedd cwestiwn ei thaid iddi hi,
'Amhosib,' medd Lowri'n betrusgar,
'Mae'n lot, lot rhy fawr, ddudwn i.'

'Ond,' medde'i thaid, 'mae o'n bosib –
Amynedd sy'n bwysig i'w gael,
Llond llwyed y tro sydd yn flasus
A'i orffen fe wnei yn ddi-ffael.'

'Fe weli di hefyd, 'rhen Lowri,
Fod symiau yn rhwydd iti'n awr
Os gymri di nhw bob llond llwyed
Ni fydd y diflastod mor fawr.'

Aeth Lowri'n ôl wedyn i'r ysgol
A'i hyder yn saff o dan glo.
Roedd Mrs Jones Maths yn rhyfeddu –
Atebion yn gywir bob tro.

Gwenno Dafydd

35

Baled y Brenin Braw

Wrth ddihuno'n swrth, mae'r Brenin Braw
Yn dychryn – ofn fan draw;
Sylla yn y drych ar ei wyneb hyll,
Y Brenin Braw sy'n rheoli'r gwyll.

Dwi'n cwtsio yn fy ngwely,
Yn anwylo dol a thedi;
Mae tic y cloc yn gysur pur
Rhag y Brenin Braw a'i arfau dur.

Mae gan y Brenin gyllell gwae,
Mae'n llamu clawdd, brasgamu cae;
Mae ganddo gleddyf llym a sgidiau hud,
Nid oes ei fath yn hyn o fyd.

Dwi'n cwtsio yn fy ngwely,
Yn anwylo dol a thedi;
Mae tic y cloc yn gysur pur,
Ddaw'r Brenin Braw a'i arfau dur?

Gyr y Brenin Braw ei farch dros fryn
Hyd nant ac afon hyd feysydd gwyn;
A'i sgrech sy'n gynnwrf i'r cŵn a'r brain,
Mae'n hollti'r mellt, yn rhwygo'r drain.

Dwi'n cwtsio yn fy ngwely,
Yn anwylo dol a thedi;
Mae tic y cloc yn gysur pur
Oh Na! Y Brenin Braw a'i arfau dur!

Clywaf bystylad ei farch ar y gro
A'i chwarddiad gorffwyll yn chwalu'r fro;
Dynesa nawr, Y Brenin Braw
Yng ngolau'r lleuad yn dod fan draw.

Dwi'n cwtsio yn fy ngwely,
Yn anwylo dol a thedi;
Mae tic y cloc yn gysur pur,
Ble mae'r Brenin Braw a'i arfau dur?

Mae'r Brenin Braw â'i fys ar glo,
Mae ofn a dychryn yn dod ar ffo;
Mae'n esgyn y grisiau yn dawel fach,
Clyw ambell wich ac ambell wach.

Dwi'n cwtsio yn fy ngwely,
Yn anwylo dol a thedi;
Mae tic y cloc yn gysur pur,
Mam fach! Y Brenin Braw a'i arfau dur!

Mae'n codi clicied fy stafell i,
Mae 'mhen dan gwrlid, dwi'n mygu cri;
Yn isel y chwarddai, yn ddi-oed,
Mae'r Brenin Braw wedi dal fy nhroed.

Dwi'n cwtsio yn fy ngwely,
Yn anwylo dol a thedi;
Mae tic y cloc yn gysur pur,
Dwi'n wyneb yn wyneb â'r arfau dur!

Gwyn Morgan

39

Swadan i'r chwadan

Na! Na!
Dwi'm isio dod o'ma.
Cael gorwedd mewn gigyls –
Mae'r nefoedd dwi'n siŵr
Yn llawn sebon a dŵr,
Mae mor braf yn y bybyls.

Cael cicio fy nghoesau,
Cynhyrfu'r tonnau,
Mynd â'r cychod am ras,
Darllen stori wlyb, las,
Rhoi fy nghyrls dan y swigod
A byw efo'r pysgod;
Na! Na!
Dwi'm isio dod o'ma!

Wel, dyna ni,
Does dim bai arnaf i,
Mi wnes i rybuddio
Ond does neb byth yn gwrando.
Os ydach chi'n mynnu
Fy nghodi i fyny,
Peidiwch â 'meio
Am y sgrechian a'r strancio.

Y chi, nid y fi
Sy'n gwneud pwdin o'r dolffin,
Yn taflu'r crocodeil mawr i ganol y llawr
A rhoi swadan i'r chwadan.
WA!! WA!!
DWI'M ISIO DOD O'MA!

Myrddin ap Dafydd

Pethau pwysig!

Fi beintiodd y patrwm
Ar adain glöyn byw.
Fi blygodd yr enfys
Yn fwa saith lliw.
Fi wnaeth y jeli
Rownd y grifft llyffant.
Fi ddewisodd y plu
Yng ngwisg ceiliog ffesant.
Fi ddysgodd y gog
Sut i gofio'r ddau nodyn.
Fi sy'n deffro'r haul
A'i roi'n ei wely wedyn.
'Sgen i ddim amser
    I ddysgu tabl tri;
Ond dwi'n hapus bob amser,
    Coeliwch chi fi!

Dorothy Jones

42

Penillion

Mae tri pheth sy 'ngwneud i'n hapus –
Swatio'n glyd ar noson stormus;
Rasio 'meic drwy byllau lleidiog
A chael wythnos yn Llangrannog.

Mae tri pheth sydd yn wefreiddiol –
Ennill tarian Steddfod ysgol,
Pawb o'r teulu efo'i gilydd,
Gafael yn fy mrawd bach newydd.

Dorothy Jones

Rhyfeddod

Mae sôn am ryfeddod ym Mhegwn y De,
Mynyddoedd Himalaia, dyffrynnoedd a thre;
Moroedd, cefnforoedd, rhai bach a rhai mawr,
Ynysoedd diarffordd, creaduriaid y llawr.
Rhyfeddod i mi, gweld fy llaw yn ei llaw
A llygaid fy nain yn pefrio'n y glaw.

Gwyn Morgan

Rhowch imi brofiadau

Rhowch imi brofiadau,
Cyffredin, rhai cain;
Twyllodrus, rhyfeddol,
Rhai breision, rhai main.

Rhai troednoeth, rhai coeglyd,
Rhai byr a rhai tal;
Rhai'n gwisgo sach liain,
Rhai'n cuddio'n y wal.

Rhowch imi brofiadau,
Diferion fel dŵr,
O'u nabod mi fyddaf
Yn ddoethach rwy'n siŵr.

Rhowch imi

"Rhowch imi fynyddoedd," medd Siriol Haf;
"Rhowch imi ynysoedd," medd Wil;
"Rhowch imi ddinasoedd," medd Dai Tŷ'n Ddôl;
"Rhowch imi lan môr," medd Anti Dil.
"Rhowch imi hen greiriau," medd Mam a Dad;
"Rhowch imi ffeiriau gwyllt," medd Mel fy mrawd;
"Felly ble'r awn ni eleni?" meddwn i .
"Rhaid aros adre – rydyn ni'n llawer rhy dlawd!"

Gwyn Morgan

Wythnos galed

Dydd Llun – Syr wedi gwylltio
am imi sgwrsio â Dai.
Dydd Mawrth – cael ffrae am sgwennu blêr –
traed brain, medd Heulwen Mai.
Dydd Mercher – rhwygo 'nhrowsus
a Mam yn dwrdio'n hallt.
Dydd Iau – mam Heulwen wrth y drws
am imi dynnu'i gwallt.
Dydd Gwener – diwedd wythnos
yn 'rysgol, dyna sbri –
caf fynd i 'sgota hefo Taid
heb neb i 'mlino i.

Valmai Williams

45

SGORIO!

'Dos! Gwydion, dos!' oedd y sgrech ar y cae
A finna'n nesáu, wedyn och! a gwae,
Roedd cefnogwyr Deiniolen yn uchel eu cloch,
Pob un ar dân, ac yn gweiddi yn groch!

Roedd y mwd ym mhobman, a'r glaw yn dod lawr,
A lot o'n chwaraewyr yn fflat ar y llawr!
Roedd Ynyr a Cai efo dwy lygad ddu,
A Harri 'di ffraeo efo'r reffarî.

Daeth cyfle o'r diwedd, a rhedais ar ras
Efo'r bêl wrth fy nhraed, i lawr y cae glas,
Yna'r floedd, 'Mae 'di sgorio! Da was, da iawn chdi!'
Ro'n i wedi gwirioni, bron iawn â phi-pi!

Mae'n well gen i ffwtbol na dim yn y byd,
Na'r un gêm Playstation, na'r un anrheg ddrud,
Gobeithio un dydd y caf chwara i Man U
Ac nid ym Mhen Llŷn, mewn cae bach yn Rhiw!

Sandra Anne Morris

Brolio

'Mae 'nhad i yn dalach na'th dad di,' medd Hywel,
'Mae 'nhad i yn gryfach na Samson,' medd Dai,
'Mae 'nhad i 'di rhedeg ras yr Wyddfa,' medd
                        Iwan,
A chanmol eu tadau wnaeth pob un – pam lai?

Roedd Sam yn dyfalu beth ddwedai wrth ei
                        ffrindiau
'Rôl clywed mor ddawnus oedd tadau'r tri.
'Wel Dad ydi'r gora' am chwyrnu drwy Gymru,
Bu bron iddo godi to tŷ ni!'

Valmai Williams

47

'Di Anti Jini ddim 'di blino!

Mae gen i Anti sbeshal
Sy'n ddwl a gwirion bost
Mae'n hoffi bwyta winwns
Mewn brechdan ac ar dost.

Ei henw hi yw Jini,
Mae'n byw yn Allt y Clos,
Mae'n rwdlan ac yn siarad
O fore gwyn tan nos.

Mae wedi dofi ceffyl
Trwy neidio ar ei gefn
Os dwedwch fod e'n greulon
Mae'n chwerthin am eich pen.

Mae'n hoff iawn, iawn o deithio
I bedwar ban y byd,
Mewn lorri, trên neu roced
Mae Jini'n ddigon clyd.

Bu'n nofio gyda dolffins
Draw yn Awstralia bell
Ac ymladd gyda theigar
Cyn dianc mas o'i gell.

Ma'i hegni yn ddiddiwedd
Mae'n gwneud 'mi deimlo'n wan
Ers iddi ddathlu'r 'naw deg'
'Sdim amser rhoi traed lan.

Gwenno Dafydd

Wedi cael llwyfan

O'r llwyfan, mi welaf wynebau di-ri
Yn serio eu sylw i gyd arnaf fi.

Dacw Sel Stumia Slebog, a ddarniodd fy nghrys,
A Sara Strymantia, ro'th swadan i 'mys.

Dacw'r hen Bwdin Chŵd a'r Gwcw Gehenna
Adawodd fi allan o'u gêm amsar chwara,

A Cóg Ceiliog Dandi a Chwynnyn fab Chwain . . .
Chewch chi'n nunlla'n y byd griw mwy *sgêri* na'r
rhain.

Ond am funud, does neb yn fy nhrin i fel baw;
Am funud, mae pob un yng nghledr fy llaw.

Elin Alaw

50

O wyrdd i wyn

Dwi isio DVD
fath â'r un 'sgin ti.
Dwi isio ffôr-bai-ffôr
fel yr un gafodd o,
a Playstation 2
'fath â'r un 'sgynnyn nhw!

Dwi isio ffôn-ar-y-lôn
a gwersi trombôn.
Dwi isio gwallt hollol syth
yn lle pen 'fath â nyth,
a lliw haul a phecs
'fath â'r rhei 'sgin Becks.

Dwi isio bod yn hapus,
Dwi isio bywyd campus.
Dwi wir isio stopio
bod isio ac isio.
A phan dwi'n hŷn
dwi am fod yn fi fy hun.

Gwyneth Glyn
Bardd Plant Cymru 2006-07

Ofn dyn y glo

Bob hyn a hyn
bydd y lorri
yn cropian lan y rhiw
tuag at tŷ ni.

Stopio!
Drws yn agor . . .
ac O!
Dyma fe'n dod.

Anghenfil mawr du
a dwy blaned
o lygaid gwyn
yn troelli
bob ochr
i'w drwyn brwnt,
a hen wefusau
'run lliw
â lipstig leilac Mam-gu . . .
Ych a fi!

Clywaf ef
yn stompio rownd
i'r cefn,
a gwneud sŵn.

Mentraf edrych!
A gwelaf ef.

Mae'n llusgo'i draed mawr
yn ôl lan y llwybr,
a sach wag yn ei law . . .
wedi dod i'm cipio i,
mae'n siŵr.

Cuddiaf
rhag ofn iddo fy nal,
a'm taflu i gefn y cerbyd
gyda'r sachau llawn!

Na!
Ni lwyddodd
y tro hwn . . .
ond gwn
y bydd 'nôl eto
cyn hir!

Ruth Pritchard

Gwanwyn trist

Roedd 'na bâr o fwyeilch yn brysur ers dyddiau
Yn casglu hen friglach a mwsog o'r cloddiau;
Cyn bo hir roedd y nyth bach delaf yn swatio
A phlethau'r drain duon yn guddliw amdano.

Yr iâr yn ffwdanu dros bedwar ŵy gwyrddlas
Ac yntau'r bigfelen yn gwarchod ei balas;
Cyhoeddai bob bore â'i nodau melodus,
'O! dwi'n hynod o falch, rydyn ni mor ffodus!'

Deorodd yr wyau – am firi a thrydar!
Nawr, hela a bwydo bob awr wnâi'r ddau gymar,
Â'u cân o lawenydd yn gonffeti cywrain –
Heb amser i sylwi ar y llygaid milain!

O hirbell, hen bioden fu'n aros a gwylio
Yna cythru i'r nyth, a'r cywion yn crio,
'Nôl â hi eilwaith – yna wedyn ac wedyn!
Parlyswyd y gwrychoedd gan ofid a dychryn.

Dim ond cawod o fanblu a nyth yn yfflon
A deunod y mwyeilch yn ing o dorcalon . . .
'Mae'r bioden yn awr wedi dryllio'n byd,
'Oedd rhaid iddi hi eu cymryd i gyd?'

Dorothy Jones

Dwi'm isio mwy o gleisiau

Mae'r gwres yn dod drwy'r llenni
A'r cloc sy'n canu'n groch,
Dihunwyd fi o 'mreuddwyd braf,
Mae bron yn wyth o'r gloch.

Dwi'n gorwedd yma'n ddistaw,
Heb symud braich na throed,
Sŵn car sydd yn y cefndir,
Sŵn adar yn y coed.

Dwi'm isio mynd i'r ysgol,
A gweld ei hwyneb cas;
Dwi'm isio mwy o gleisiau
Yn felyn ac yn las.

Mae'n dwyn fy afal beunydd,
Fy mhres, fy mhêl, a'r llaeth,
'Paid ti â meiddio dweud wrth neb
Neu mi fydd pethau'n waeth.'

O am gael aros adra,
A chwarae yma'n hun,
Fel wnes i drwy'r penwythnos
Ond na, mae hi'n ddydd Llun.

Sandra Anne Morris

Ffrindiau?

Ddoe, roeddwn i'n drwm a thrist,
Ddim isio sgwrsio na gwenu –
Yn y gwasanaeth aeth Bryn
I eistedd wrth ymyl Lleucu!

'Nes i ddim cysgu am hir,
Roeddwn i'n troi ac yn trosi,
Fy nghalon i'n mynd 'thyd! thyd!'
. . . Dwi'n siŵr bod hi wedi torri!

Lleucu yw – oedd fy ffrind i,
'Dan ni'n rhannu cyfrinachau.
Am symiau pen a darllen,
Bob amser, ni'n dwy 'di'r gorau.

Mae Bryn wedi colli dant,
Mae ganddo fo wallt sbeici,
'Dio ddim yn gallu deud 'ssss'
Ac mae o wedi gweld wenci.

Heddiw, dwi'n ffrindia 'fo pawb,
Mae 'na ddisgo yn fy mherfedd!!
Dim ots 'bod hi'n bwrw glaw
Efo fi mae Bryn yn eistedd!

Dorothy Jones

Ffasiwn ddillad

Mae Mam yn prynu dillad o Matalan i mi,
A finna bron â drysu, isio pethau JJB.
Hen grysau-T sy'n hongian, a jîns henffasiwn blêr,
Plîs ga'i fod yn trendi, ac edrych fel y sêr!

Ga'i dop Adidas newydd, a throwsus Puma, cŵl?
Bydd pawb yn edrych wedyn, pan fydda i'n
                                            chwarae pŵl.
Ga'i 'sgidiau Reebok llachar, a chap ffasiynol, du?
Y ffordd dwi'n edrych rŵan, adawa i byth mo'r tŷ!

Plîs Mam, gawn ni fynd fory i siopa lawr i'r dre,
Neu gwell fyth, ga'i edrych be sydd 'na ar y we?
Dwi'n addo peidio swnian, a pheidio bod yn hir,
Ac yn fy nillad newydd ga'i sws gan Siwan Fflur!

Sandra Anne Morris

59

Penbleth!

Mae 'nghoesa i fel jeli!
Beth ddweda i wrth Syr?
Mae'r ffenest fawr yn deilchion
Ond nid fi wnaeth, wir yr!

Yr hogia mawr oedd wrthi
Yn cicio yn llawn sbri,
'Mond aros yno i wylio
Am funud bach wnes i.

Y bêl yn hollti'r awyr!
Waw! Clec a chrensian mawr!
Distawrwydd! Llonydd! Syfrdan!
A shwrwd dros y llawr!

Mae ogla chwys yr hogia
Yn cau amdana i'n dynn,
Fe ddônt yn agos, agos
Gan sibrwd, 'Gwranda hyn.'

'Ti dorrodd ffenest, washi!
Rŵan, cau dy geg – a dos!
Paid ti â meddwl prepian
Neu gei di fàth mewn ffos!'

A phan ddaeth Syr i'r dosbarth
Dechreuodd pobman droi,
'O plîs, ga i ddiflannu?'
Ond bloeddiodd, 'Swyddfa, boi!'

Mae Dad yn deud bob amser,
'Mae'n talu deud y gwir,'
Efo bwlis ar bob ochr
'Di'r ateb ddim mor glir!

Dorothy Jones

61

Dim '-eg'

Be? Dysgu gramadeg
a Saesneg a Ffrangeg
a stydio Bioleg a Chemeg –
no-wê!

Ffiseg, Trigonomeg
ac ych – Mathemateg
er mwyn mynd i'r coleg –
i be?

Dwi'm isio yr un '-eg',
dim hyd 'n oed Gymnasteg;
mae'r cyfan yn annheg –
o-ce?

Rho'r gora i gwyno,
waeth i ti heb.
Ond Mam, cwbwl dwisio 'di
bod yn seléb.

Valmai Williams

Neges y gofalwr

Bu'r eira'n disgyn drwy'r nos,
Ddaw bws yr ysgol ddim;
Fe ddaeth y bws. O dyna siom!
Cyrhaeddon ni mor chwim.
Gofalwr blin ei olwg
Ddaeth atom yn llawn gwae –
Ac O'r fath wefr pan ddwedodd
'Mae'r ysgol wedi cau.'

Gwyn Morgan

Prydferthwch

Beth yw prydferthwch, Miss?
Beth yw ei nod a'i fwriad?
'Prydferthwch yw'r hyn na ellir ei weld,
Dim ond gan lygad cariad.'

Gwyn Morgan

63

Tonnau mawr

Y môr mawr gwyn sydd weithiau'n dwyn y gwynt
A gyrru ei geffylau'n gynt a chynt;
Mae rhywbeth sy'n fy nhynnu at y stŵr
A'r cryndod ar y traeth dan garnau'r dŵr.

Mae storm yn fwy cyffrous na thywydd braf
A denu'r meirch o donnau'r môr a wnaf
Tasgu a neidio fel y gwyllt ar daith
A 'ngwallt yn llawn cynffonnau ewyn llaith.

Cael herio'r dŵr a chogio bod yn drech,
Cael chwarae troi fy nghefn, a chyfri chwech,
Nes daw, yn sydyn, dacl y seithfed don –
Y blaen asgellwr ochor dywyll hon

Sy'n dwyn y tywod sydd o dan fy nhraed,
Sy'n clymu breichiau oer am gorff a gwaed,
Fy 'ngadael innau'n swp o'r cyffro gynt:
Y môr mawr gwyn sydd wedi dwyn fy ngwynt.

Myrddin ap Dafydd

65

Deio

'Sgin Mam ddim amser iddo,
mae'n cwyno o hyd amdano
a Dad 'run fath, ond waeth gen i –
rwyf wir yn hoff ohono.

Nid fo yw'r hogyn glana,
mae tyllau yn ei sana;
mae'i wisg yn flêr a'i wallt yn hir
ond dyma i chi'r ffrind gora.

Aiff weithiau dros ben llestri,
a gwn ei fod o'n rhegi –
ond fo yn saff yw'r unig un
sy'n medru trin y Bwli.

Efallai nad yw'n siwtio
pob un, ond rydw i'n gwylltio –
dewiswch chi eich ffrindia'ch hun,
fy newis i yw Deio.

Valmai Williams

66

Fy ffrind gorau

Llygaid glas sydd ganddi, a gwallt hir du,
Mae'n dipyn o gês, ac mor ffeind efo fi.
Mae'n hoffi coginio, a mynd i lan môr,
Yn mwynhau cerddoriaeth, ac yn aelod o gôr.

Cychwynnodd y poenau yn nhŷ ei ffrind, Non,
Ond welwyd 'run meddyg am flwyddyn gron,
'Paid poeni dim, cariad, mi fydd Mam yn iawn,'
Oedd ei geiriau wrth liwio yn ddyfal un pnawn.

Dwi am i Mam godi, a dod efo fi i'r traeth,
Dwi eisiau iddi wella, a pheidio mynd yn waeth;
Dwi am ei gweld yn dawnsio, a chanu'n siriol braf,
Ac am ei chlywed yn chwerthin, wrth drefnu
gwyliau haf.

Sandra Anne Morris

Babi newydd

O Mam, pam fod hwn 'di dod i'n tŷ ni?
Efo'i glustiau mawr, a'i gynffon ddu,
Yn mynnu dwyn y sylw i gyd,
Fel tîm Brasil yng Nghwpan y Byd.

Yn cyfarth dros lle, ac yn dwyn fy nheganau,
Yn malu'r soffa, a bwyta'r brechdanau!
Yn crio a nadu, pan ti'n mynd drwy'r drws
A na! Dwi'm yn gwrando, tydio'm yn dlws!

Tydw i ddim am fynd â fo am dro,
Mae tynnu hwn fel tynnu llo!
Mae rhwyg yn fy nhrowsus, a thwll yn fy nghrys
A neithiwr, mi frathodd o fi ar fy mys!

Ga'i eistedd efo chdi, o flaen y tân?
Nei di ddarllen stori, neu ganu cân?
Gawn ni fynd am dro, dim ond ti a fi?
Dwi'n siŵr daw Taid yma, yn gwmni i'r ci.

Sandra Anne Morris

'Sboniwch pam

Pam bod Morus y Gwynt
ac Ifan y Glaw
yn ystod y gwyliau
yn mynnu dod draw?

A pham fod y tywydd
yn gynnes a braf
a minnau'n yr ysgol
yn gweithio fel slaf?

Valmai Williams

Gwefr

(Ras moto-beics, Trac Hayden, 28 Ebrill 2006)

Glywi di sŵn?
Fel sŵn cacwn mewn pot jam
A hwnnw'n chwyddo'n greshendo mawr –
Ust! . . . Dacw nhw'n dod!

Hedant dros y bryn
A rhuo tuag atom
Hyd loywder y tarmac.
Rhes ohonynt
Yn oedi ar y gorwel
Fel sglefrwyr ungoes ar lyn . . .
Ânt heibio inni, un ar ôl un . . .
Mynd . . . mynd . . . mynd.

Llwybr yn duo ar y cwrs –
Gogwyddant o ochr i ochr
Wrth gornelu dros y streipiau-candi-coch,
Pob dyn wedi ei weldio wrth ei beiriant . . .

Chwys a gwres
Ac aroglau olew,
A'r rhuo-lli-gadwyn yn nesu at gornel
Lle mae'r gwylwyr yn gynnwrf
Ger arwyddion TISSOT, REPSOL, KERAKOLL . . .

Hedfan dros fryniau,
Swatio mewn pantiau,
Pendilio mor rhwydd . . .
Pen-glin i lawr, wobl, sythu . . .
Newid ochr . . . FRŴM!
Coch . . . oren . . . melyn . . . glas . . .
Rownd a rownd heb feddwi,
Lap ar ôl lap
A'r andrenalin yn pwmpio . . .
'POB EILIAD YN CYFRI!'

Nes i un sglefrio'n wyllt
A gwreichioni hyd lawr,
Ei foto-beic yn sgrialu o'i gyrraedd
I lonyddwch syfrdan.

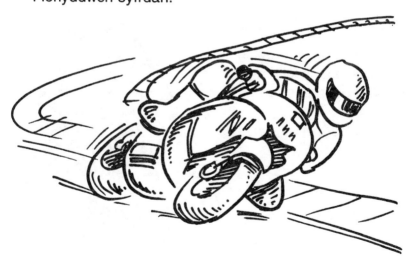

'PASIA FO! PASIA FO!!'
Y llinyn rhwng y lleill yn tynhau ac yn llacio
Fel llinyn io-io . . .
'RHIF DAU DDEG SAITH AR Y BLAEN!'
Goddiweddyd esmwyth, effeithiol . . .
'Casey Stoner yn colli –
Marco Melandri yn croesi'r llinell!!!'

Edrych!
Mae'n sefyll ar ei draed
A chodi'r olwyn flaen –
Syrffia ar don y fuddugoliaeth felys
A baner ei wlad yn cyhwfan ar ei war.

MARCO MELANDRI!
REFIA! REFIA!
Wrth ddychwelyd at y dyrfa . . .
REFIA dy oruchafiaeth,
A dos, y fellten goch,
I gynnau clod . . .

Nesta Wyn Jones

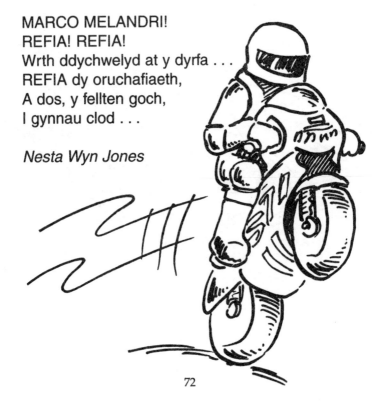